NATURA SIMBOLICA
DEL GIOCO DEGLI SCACCHI

ISBN: 978-1-326-51550-8
I edizione: 2010
II edizione: 2016

MARIO LEONCINI

NATURA SIMBOLICA
DEL GIOCO DEGLI SCACCHI

Introduzione[1]
di Giangiuseppe Pili

Gli scacchi non sono solo un gioco ma un veicolo di comunicazione della cultura. Tra i pochi divertimenti e piaceri superstiti ad ogni variazioni di gusto, degli usi e costumi sociali, sebbene sempre visti in modo ambiguo, gli scacchi sono tutt'altro che un gioco sterile e incapace catturare la sfera inconscia dell'io. Attorno al nobile gioco ruotano l'ammirazione del profano, la fantasia del bambino, l'ansia da prestazione, la voglia di vincere, la paura della scelta e della morte. Tutti gli scacchisti vivono emozioni forti, se giocano. Ma l'arte degli scacchi non coincide con gli scacchi nell'arte: essi pretendono uno spazio più universale proprio perché parte integrante della nostra stessa cultura occidentale. Non può essere un caso che siano stati messi alla prova del-

---

[1] Pubblicato originariamente su http://www.scuolafilosofica.com

l'Intelligenza Artificiale, come ambito privilegiato e ristretto attraverso cui elaborare una forma di pensiero non umano. La Natura simbolica degli scacchi *è un'indagine sulle varie simbologie nate e cresciute attorno agli scacchi, in modo sempre clamorosamente fascinoso, proficuo e profondo. Leoncini si sposta tra vari quadri simbolici e culturali con grande maestria: dalla relazione del gioco con le varie ideologie politiche, tra dittature, totalitarismi e democrazia; dalla relazione con le fedi religiose cristiane e islamiche per finire alla relazione che gli scacchi hanno avuto con l'arte.*

Siamo di fronte ad un lavoro di quella che gli storicisti chiamerebbero scienza dello spirito *e nel suo senso più pieno e migliore. Leoncini, infatti, non si limita a riportare le varie rappresentazioni fatte degli scacchi nelle varie epoche storiche, ma indugia sulla valenza significativa che quella particolare rappresentazione cattura. La grandiosa ricostruzione in chiave storico-culturale del mondo attorno al gioco si fonda su una grande conoscenza della storia, in generale, e degli sacchi nello specifico, riuscendo così a intrecciare sapientemente il quadro globale con il singolo punto. Gli strumenti scientifici a disposizione dell'autore sono messi a punto con rigore non asettico garantendo precisione del dato e leggerezza nella lettura.*

La struttura del libro è articolata secondo una serie di quadri in un'esposizione, *attraverso una sistematica sovrapposizione logica controllata. Pur senza capitoli, il libro si articola da solo ma sempre chiaro, in parti dove l'angolatura della prospettiva cambia in modo naturale, rendendo così impossibile alla noia far capolino. D'altra parte, la struttura è funzionale non tanto alla fruizione quanto alla natura stessa dell'argomento, uno, ma interpretato in cornici molteplici attraverso punti di vista messi in relazione.* Natura simbolica degli scacchi *è un lavoro sostanzialmente unitario nell'oggetto, nel metodo di analisi e nella presentazione prosastica dei risultati ma poliedrico nelle sue sfaccettature.*

Non è un'opera prima, questa, e si vede. Il libro conserva tutte le qualità della spontaneità del principio senza le imperfezioni dell'immaturità, se l'autore ne ha mai avuta. Leoncini aveva già scritto altri lavori e composto altri libri di indubbio valore e fascino ma se la sua abilità indiscussa si trova sempre, in questo breve libro è condensata la sua intera riflessione con uno spazio e ampiezza veramente ragguardevoli.

Una parola per lo stile: lineare, agile ma non senza tocchi di lirismo e con un certo senso epico che può trapassare tra le righe come fosse un tocco casuale. L'argomento, per farsi leggere con quella leggerezza con la quale ci si fa volentieri trasportare, richiedeva questo genere di stile e Leoncini dimostra di poterlo dirigere al meglio.

Natura simbolica degli scacchi *è, dunque, come il vertice di una montagna: impensabile senza la vasta base e punto più piccolo del resto ma il meglio visibile da lontano e, forse, anche il più bello.*

Natura simbolica
del gioco degli scacchi

Volontà e destino, ordine e caos hanno sempre accompagnato le paure dell'uomo e il suo tentativo di placarle. Le forze della natura dovevano apparire ai nostri antenati come cieche e incontrollabili e i dadi ne sono sempre stati la loro rappresentazione più semplice. Il tavoliere è stato il tentativo di prevedere e mettere ordine alle forze del caos. Ma anche il tavoliere, nato come scenario magico, simbolo della Terra o dell'intero cosmo, in cui il sacerdote poneva le sue interrogazioni come a un oracolo per conoscere il destino di uomini e cose, muta a mano a mano il suo significato. Nel corso dei secoli passa, da esclusivo dominio sacerdotale, a modello in cui gli uomini interagiscono con i loro desideri e la loro volontà con il caso e il destino. Questo passaggio si ha quando il tavoliere esce dal tempio e si fa gioco. I più antichi giochi su tavoliere, di Ur, di Šahr-i Sokhta nel Sistan

(2400-2100 a.C.) e il Senet dell'antico Egitto, si giocavano con l'ausilio dei dadi. Con i dadi il destino interveniva ancora in modo pesante sulla scacchiera ma con la scelta della pedina da muovere o come muoverla l'uomo cominciava a frapporsi alle forze sovrannaturali. Questo processo viene portato definitivamente a compimento con gli scacchi. La volontà si sostituisce al fato, la responsabilità all'arbitrio. Gli uomini non sono più dominati da forze sconosciute e bizzarre ma modellano il proprio destino. "Ha inizio la definitiva conquista del cosmo da parte dell'uomo. La direzione è quella che condurrà, come ultimo approdo di certa metafisica, alla società tecnologica moderna. Il fondale, che includeva nei propri disegni l'uomo, si appresta a divenire l'oggetto passivo del suo volere"[2].

Lo storico arabo al-Mas'udi (IX secolo) narra di un saggio che, su richiesta di re Hashran, inventò il *nard* che si giocava con i dadi, e di come successivamente un bramino, su indicazione del nuovo re Balhait inventasse gli scacchi per dimostrare il valore della prudenza, della diligenza e dell'intelligenza. Balhait preferì quest'ultimo al *nard* poiché in esso "l'intelligenza trionfa sempre sull'ignoranza". In altri

---

[2] Carretta, Roberto, *Lo scenario conquistato. Gli scacchi e l'origine del loro simbolismo*, Il leone verde, Torino, 2001, pag. 40

termini, scrive Burckhardt, "la libertà d'azione va in questo caso di pari passo con la preveggenza e con la conoscenza delle possibilità; l'impulso cieco, di contro, per quanto possa apparire libero e spontaneo in un primo momento, si rivela a conti fatti come una non-libertà"[3].

1. Mosaico pavimentale della basilica di San Savino a Piacenza (particolare)

Come nel mondo arabo, la disputa filosofica tra fortuna e volontà si riproporrà anche in Europa ed è

---

[3] Burckhardt, Titus B., Il simbolismo degli scacchi. In *Simboli*, Parma, All'insegna del Veltro, 1983

testimoniata dal mosaico pavimentale della basilica di San Savino a Piacenza (secolo XII). Al centro del mosaico è presente una grande ruota dominata da una figura regale. L'intera figura rappresenta il tempo. Ai lati del tempo spiccano quattro scene. Due di queste, uomini in combattimento e uomini che giocano a dadi, rappresentano attività prive di morale e la mutevolezza del mondo e si contrappongono alle altre due poste a destra della ruota. La superiore mostra un re che indica il libro della legge mentre sullo sfondo si può leggere l'iscrizione IUDEX. La scena sottostante riproduce due uomini che giocano a scacchi. L'intero mosaico vuole significare che al predominio del caso e della forza bruta si contrappongono l'esercizio illuminato della ragione e della legge.

"Nella storia del progresso intellettuale", conclude Shenk, "la diatriba tra fato e volontà è sempre stata una questione aperta. La presa di coscienza tanto a livello individuale quanto a livello collettivo e istituzionale che i popoli potevano autodeterminare il proprio destino, è alla base della scienza moderna, della filosofia e dello sviluppo economico. Gli scacchi hanno probabilmente contribuito a diffondere questa rivoluzionaria nozione e certamente hanno aiutato alcuni popoli a comprenderla"[4].

Ma perché gli scacchi hanno avuto fortuna? Come è stato possibile per un gioco cavalcare l'onda della civilizzazione e sopravvivere a culture tanto diverse le une dalle altre? Quasi tutti i giochi dell'antichità sono scomparsi nel nulla o, infine, anche se ne è rimasto il nome, se ne sono perse le regole. Altri, anche più antichi degli scacchi, sono sopravvissuti ma senza mai uscire da un ristretto ambito geografico. Gli scacchi, invece, unici tra i giochi hanno seguito il cammino dei popoli come solo le scienze e le arti sono riuscite a fare. In realtà la storia degli scacchi è la storia di una trasformazione perché essi sono stati capaci di adattarsi a religioni, usi e costumi diversissimi rimanendone influenzati e finendo con l'influenzarli.

Così, nel corso dei secoli, la scacchiera e i trentadue pezzi sono stati visti e considerati con occhi diversi. Il loro significato è cambiato e il movimento dei pezzi ha dovuto adattarsi ai cambiamenti storici e sociali.

La varietà dei pezzi sulla scacchiera, la loro diversa potenza, il loro differente movimento, ne hanno sempre fatto un piccolo mondo, miniatura di quello più grande, ambiente ideale per predicatori, moralisti, teologi e filosofi. Gli scacchi sono stati

---

[4] Shenk, David, *Il gioco immortale*, Mondadori, Oscar Storia, Milano, 2008

visti fin dal loro primo apparire come educativi, consolatori, terapeutici, veicolo per semplificare idee complesse e per illustrare idee astratte. Ne è un esempio la leggenda in cui l'inventore del gioco chiede, come ricompensa, un chicco di grano per la prima casella, due per la seconda, quattro per la terza e così via raddoppiando fino alla sessantaquattresima casella e del numero astronomico di chicchi di grano richiesti per via della progressione geometrica. Un concetto difficile come "Il doppiar degli scacchi", come lo chiamò Leonardo Pisano, fu reso semplice, alla portata di tutti e divenne davvero popolare. Lo stesso Dante lo cita in un famoso passo del Paradiso[5].

"L'affermazione delle grandi idee" nota a questo proposito Shenk, "ha richiesto non solo brillanti inventori, ma anche grandi insegnanti e chiari metodi d'insegnamento. Ecco quindi che si capisce l'importanza degli scacchi: attraverso il concetto di guerra, comprensibile a tutti, ciò che si trasmetteva erano concetti ben più astratti. Con un paragone contemporaneo, potremmo dire che in un certo senso si trattava di un software di presentazione, una sorta di *Power Point* del Medioevo. Gli scacchi costituivano uno strumento flessibile per aiutare poeti, filosofi e

---

[5] "L'incendio suo seguiva ogni scintilla; / ed eran tante che 'l numero loro / più che 'l doppiar de li scacchi s'inmilla". Paradiso, XXVIII, 91-93

intellettuali a indagare e presentare un'ampia gamma di idee complesse in modo comprensibile e convincente"[6].

Dell'aspetto dimostrativo, ma anche consolatorio, narra il grande poeta persiano Hakīm Abol-Ghasem Ferdowsi nello *Shahnameh* (Il *libro dei Re)*. Due fratelli si disputano la successione di fronte alla madre vedova. Divisi in fazioni i due fratelli si sfidano in battaglia e il più giovane perisce. Per far comprendere alla madre che il fratello le fosse stato tolto dal fato e non da un colpo d'arma fratricida, le viene mostrato su una tavoletta di legno come si è svolta la battaglia e come, il fratello, rimasto solo, aveva finito col soccombere per stanchezza e inedia. Nel gioco persiano, infatti, per vincere la partita non c'era bisogno di uccidere il re ma bastava renderlo inoffensivo eliminando per intero la sua armata. Fu nel passaggio al mondo arabo che, per vincere, il re avversario doveva venire ucciso. Infatti la parola *shah* (in italiano scià, re) deriva dal persiano, ma *shah-mat*, (scaccomatto) il re è morto, dall'arabo.

Oppure si pensi alle prediche di fra' Jacopo da Cessole (XII-XIII secolo) che usò gli scacchi per far passare concetti moralizzanti o a Teresa d'Avila che

---

[6] Shenk, David, *Il gioco immortale,* op. cit.

se ne servì nel trattato di teologia *Il cammino della perfezione*.

Ancora nell'aspetto educativo rientra l'antica leggenda secondo cui gli scacchi furono inventati per dimostrare a un re troppo orgoglioso, l'importanza e l'insostituibilità degli altri pezzi, fossero anche solo i più umili pedoni. Ma il gioco è stato usato per trarre insegnamenti più profondi.

Gli scacchi furono introdotti nella Persia sasanide nell'ambito degli scambi commerciali con gli indiani. Secondo il testo pahlavi *Wizarisn i chatrang ud nihisn i new-ardexsir* (Spiegazione degli scacchi e invenzione del nard)[7] questo scambio sarebbe avvenuto sotto il regno di Cosroe I Anoshirvan (531-579). Gli indiani, insieme a una serie di doni, avrebbero portato ai persiani anche gli scacchi, sfidandoli a decifrare il senso del gioco. L'enigma fu svelato dal saggio Wuzujmihr nel giro di tre giorni. Ma come poteva un uomo, per quanto saggio, ricostruire le regole da un semplice tavoliere? Il tedesco Reihnard Wieber, lo yugoslavo Pavlev Bidev[8] e lo

---

[7] (Secolo VI-VII). L'opera è conosciuta anche come *Madayan i chatrang* o come *Chatrang namag* (Libro degli scacchi)

[8] Bidev, Pavlev, Geschichte der Entdeckung des Schachs im magischen Quadrat und des magischen Quadrat in Schach, *In Schachwissentsschaftlichte Forschuungen*, 5 gennaio 1975

spagnolo Ricardo Calvo hanno, a partire dagli anni Settanta, avanzato l'ipotesi che dietro le regole indiane e persiane ci fosse un codice matematico e che questo codice andasse cercato in un quadrato magico 8x8. Questo codice numerologico, secondo questi studiosi, va individuato nella scacchiera riprodotta nel manoscritto arabo di Berlino 7663, attribuito ad Al Safadi, discepolo del famoso Ibn Khallikan. Il manoscritto mostra la scacchiera senza ulteriori precisazioni. "Attraverso indagini matematiche" scrive Calvo, "sembrerebbe che le regole degli scacchi siano in qualche modo miracolosamente presenti in questo accordo numerologico. Ancora oggi, questo antico schema ha un impatto intellettuale tremendo, perché tutti i movimenti dei pezzi sono direttamente incisi su di esso. Pertanto, la conclusione logica è quella di collegarlo con l'invenzione del gioco degli scacchi, come molti studiosi hanno già fatto nel corso del secolo passato. [...]. Sarebbe assurdo pensare che i movimenti dei pezzi siano stati inventati in modo arbitrario e che solo in seguito sia stato disegnato un quadrato magico capace di spiegarli. Di conseguenza, l'inventore o gli inventori del gioco degli scacchi devono avere usato questo preesistente quadrato magico (il *codice genetico degli scacchi*, come lo chiama il prof. Bidev) per decidere come regolamentare i vari movimenti dei pezzi"[9]. Solo riscoprendo il *codice genetico degli scacchi*, Wuzujmihr può avere risolto il problema posto dagli indiani.

Il termine persiano per indicare gli scacchi, *shatranj* deriva palesemente dal pahlavi *chatrang*, in prestito a sua volta dal sanscrito *chaturanga* con cui si faceva riferimento alla struttura dell'esercito indiano fino al III secolo a.c. (*chatur*=quattro, *anga*=parti), chiamato *chaturagambala* e formato da fanteria, cavalleria, elefanti e carri da guerra. Il *chaturanga* veniva giocato su un tavoliere di sessantaquattro quadrati chiamato *ashtapada*. Sembra plausibile che gli scacchi siano stati inventati nell'arco di tempo in cui l'esercito indiano era strutturato in un certo modo, o in un periodo di poco posteriore. Per questa ragione Ferlito e Sanvito ipotizzano la comparsa di proto scacchi tra il 400 a.C. e il 400 d.C.

Si può ragionevolmente concordare con l'opinione di Gianfelice Ferlito: "La genesi del gioco *chaturanga* potrebbe avere come *terminus post quem* il IV secolo. Questa mia opinione deriva da due prove *ex silentio* letterarie. La prima é che l'*Arthasastra* non menziona il gioco del *chaturanga* mentre v'é un capitolo (XX, libro III) sui giochi d'azzardo.

---

[9] Calvo, Ricardo, *Mythical Numerology in Egypt und Mesopotamia*, http://goddesschess.com/chessays/clavonumerology.html

Ora l'*Arthasastra*, secondo le più recenti analisi di Trautmann (1971) e di Scharfe (1993), dovrebbe essere datato fine III secolo/inizio IV secolo, cioè prima del regno Gupta (320/455). La seconda che nel *Kamasutra*, datato intorno al IV secolo, non si ha menzione del *chaturanga* nella elencazione delle *64 kalas* (belle arti) che le persone di rango e di stile — dai re ai cortigiani — dovevano conoscere e praticare a corte. C'era invece menzionato il gioco di dadi chiamato *akarsha* (*akarsakrida*) e i vari tipi di giochi d'azzardo (*dyutavisesa*). Il *terminus ante quem* del gioco *chaturanga* potrebbe essere a mio avviso il VI secolo"[10].

Purtroppo non ci sono prove documentali, se non indizi di difficile interpretazione, nel *Grande Commentario di Patsnjali alla Grammatica di Panini* (sec. II a.C.), che comprovino questa tesi. I testi più antichi dove si citano gli scacchi risalgono al VII secolo e fanno riferimento a una origine indiana. Per questa ragione Murray[11] colloca l'invenzione del gioco nell'India del nord del 579 d.C.

Passando al mondo arabo i pezzi vennero stilizzati per l'ostilità verso le immagini antropomorfe e degli

---

[10] Ferlito, Gianfelice, L'origine del gioco degli scacchi, in *Scacchitalia*, 11, 2010
[11] Murray, HJR, *A History of Chess*, Oxford University Press, Oxford, 1913

esseri viventi manifestata dai Musulmani durante il secondo e terzo secolo dell'Egira (VIII-IX sec.). In quel periodo i musulmani consideravano i pittori, i decoratori di libri, gli intagliatori e gli artisti in generale dei poveri imitatori di Allah[12].

Lo *shatranj* giunse in Europa nel IX secolo, tramite le conquiste arabe prima della Spagna e poi della Sicilia. Abn'l-Abbas b. Iuraij ricorda come uno dei maggiori giocatori arabi del XII secolo sia stato al-Saqali, "il Siciliano". Nel 1143 una partita di scacchi divenne protagonista di una pittura. In quell'anno Muttaz bi-illah (Ruggero II d'Altavilla) fece dipingere il soffitto della Cappella Palatina di Palermo con immagini tratte dalla vita di corte dei califfi. Accanto a musici, lottatori, danzatrici, scene di banchetti, compaiono due giocatori di scacchi. Si tratta del più antico dipinto al mondo raffigurante giocatori di scacchi.

---

[12] Secondo altri, e la tesi appare verosimile, i pezzi furono stilizzati perché più facili da riprodurre.

2. I giocatori di scacchi della Cappella
Palatina di Palermo.

Il gioco, nella cui simbologia l'uomo medievale si
rispecchiava perfettamente, si diffuse in modo rapido
per tutto il continente. Dimenticato il gioco romano
dei *latruncoli* (soldati mercenari), gli europei erano a
corto di giochi di impegno per adulti. Il loro successo
fu così repentino che si ha quasi l'impressione che
fossero attesi.

In Europa la scacchiera e il numero dei pezzi ri-
masero gli stessi ma, come era accaduto nel passaggio dall'India alla Persia e dalla Persia al mondo
islamico, il mondo cristiano rilesse il gioco attraverso

il filtro della propria cultura. Gli scacchi vennero codificati come attività nobiliare per eccellenza. "Non più rappresentazione della guerra combattuta da uomini di opposti eserciti, bensì gradualmente emblema di educazione raffinata, bagaglio indispensabile di ogni nobile che si apprestava a varcare le soglie della vita in società, sia essa militare che civile"[13].

3. Miniatura tratta dal Libro de lo juegos de ajedrez, dados y tablas (1283), di Al-

[13] Ferraglio, Ennio, Libri e pratica del Nobil Gioco, in Baronio, Angelo, Gli scacchi e il Chiostro, Fondazione civiltà bresciana, Brascia, 2007. pag. 197.

fonso X, detto El Sabio. Un musulmano e
un cristiano giocano a scacchi

Pur rimanendo, al fondo, un gioco di guerra, al contatto con i castelli e con la vita che vi si svolgeva, si ingentilì, assumendo i connotati di gioco di corte. I personaggi di corte si rispecchiavano nei pezzi degli scacchi che andarono ad assumere le loro caratteristiche, talvolta anche fisiche. In sostituzione del consigliere militare (*Fierge*) fece la sua comparsa una figura femminile perché accanto al Re non poteva che stare la Regina. Il cambiamento fu epocale e non senza conseguenze di ordine filosofico e morale.

Se nel gioco sono rappresentati due corti, i quattro pezzi posti agli angoli della scacchiera non sono più macchine da guerra ma rocchi (dall'arabo *ruhk*), torri che delimitano il castello. Non ci fu bisogno di cambiare le figure dei cavalli, o cavalieri, mentre difficoltà nacquero con gli Alfieri. La stilizzazione araba non permetteva di riconoscere questa figura nell'elefante (*fil* in arabo) e, in ogni caso, le corti europee non disponevano di elefanti. C'erano piuttosto i saggi, di solito vecchi e il pezzo fu chiamato calvo (*Calvus*) per un certo periodo in certe regioni europee; c'erano i vescovi e ancora oggi in Inghilterra si chiama *Bishop*, o i pazzi del re, i giullari e in Francia si chiamano ancora *Fou*. In Italia *al-fil*, in latino medievale *Alphinus*, divenne Alfiere, porta insegne.

4. Maestro di Offida, Madonna con Bambino e due angeli. Chiesa di Santa Maria della Rocca, Offida

Anche i significati simbolici della scacchiera, o comunque dei disegni a scacchi, furono rivisitati alla luce della differente religione. La sua riproduzione nelle chiese e nei dipinti religiosi custodiva "il Segreto dei Maestri costruttori, che non a caso la rappresentavano nelle loro costruzioni quale marchio di conformità all'ordine divino, come sulla Pieve di

Sant'Agata Mugello. Nella chiesa di San Giovanni di Pistoia, a Santa Maria Maggiore di Spoleto o, grosso- lanamente tracciata, sulla parete laterale di San Giustino a Paganica"[14]. A volte era associata alla figura di Maria come nel dipinto del Maestro di Offida nella chiesa di Santa Maria della Rocca (XV secolo), a Offida.

5. La scacchiera della Pieve di Sant'Agata nel Mugello

[14] Lopardi, Maria Grazia, *Architettura sacra medievale: mito e geometria degli archetipi*, Roma, Edizioni Mediterranee, 2009, p. 33

In certi casi le scacchiere sono disegnate con un angolo alla base, anziché con un lato. Sembra difficile pensare che questo modo inusuale di rappresentarle sia privo di significati. Una scacchiera posta a quarantacinque gradi rende impossibile il gioco e pertanto il significato può essere legato al proibizionismo che investì gli scacchi tra l'undicesimo e il quindicesimo secolo.

L'architrave della chiesa di San Paolo Apostolo a Vico Pancellorum, vicino a Bagni di Lucca, presenta cinque figure di cui una, un cavaliere con una spada è stata scalpellata via: un Cristo in croce, un albero, un cavaliere con la spada sguainata, una scacchiera, e una Madonna in trono con bambino. Il significato dei simboli non è chiaro. Un'ipotesi è che abbia a che fare con la cacciata dall'Eden. L'albero sarebbe allora quello della conoscenza mentre il cavaliere potrebbe rappresentare i cherubini che, con una spada fiammeggiante, impediscono l'accesso all'albero della vita (Genesi 3,24). La scacchiera simboleggia il mondo con i suoi chiaroscuri ma anche la possibilità per l'uomo di compiere una scelta superando l'eterno contrasto tra spirito e materia, fra peccato e redenzione; in questo contesto Cristo e la Madonna rappresenterebbero la via che conduce alla Resurrezione e alla Salvezza. In termini più semplici, mangiando dall'albero proibito l'uomo ha conosciuto il bene e il male ma può essere salvato dalla fede seguendo Gesù e la Vergine[15].

6. L'architrave della chiesa di San Paolo Apostolo di Vico Pancellorum

L'identificazione tra la Regina degli scacchi e la Madonna è molto antica. Nel *Miracle Miracles de Nostre Dame* del benedettino francese Gauthier de Coincy (1177-1236), Satana ha dato scacco a Dio inducendo Adamo ed Eva a mangiare dall'albero proi-

---

[15] Leoncini, Mario, *Arcaiche figure a Vico Pancellorum*, Autorinediti, Napoli, 2011

bito. Dio, para lo scacco del diavolo con la Regina e la usa per sconfiggerlo. La Regina di Gauthier è, ovviamente, la Madonna. Indipendentemente da questa più o meno fantasiosa interpretazione, la chiesa di San Paolo Apostolo (secolo XII) merita un posto a sé per l'antichità della scacchiera "colorata" riprodotta sulla facciata.

Nel mondo indiano e in quello arabo, ma anche nel *ludus latrunculorum* romano, la scacchiera era un reticolato di linee mentre in Europa, per facilitare il movimento dei pezzi, fu colorata. L'alternarsi del chiaro e dello scuro, i due eserciti contrapposti, anch'essi colorati di bianco e di nero, aggiunsero nuovo simbolismo al gioco. La lotta poteva essere vista come lo Yin e Yang cinese, tra le forze della luce e quelle dell'oscurità, tra il bene e il male, tra Dio e Satana. "Si può allora ben capire come questo sistema", scrive Laura Pasquini "che non va inteso, come si è visto, quale semplice gioco, abbia trovato ampio riscontro quando, intorno al Mille, sbarcò nell'Occidente medievale così incline al simbolo, così attento a scorgere e a delineare le immagini del contrasto storico tra bene e male. Gli scacchi si inserirono perfettamente nella vita di chierici, dame, cavalieri e principi, di cui potevano riempire i non rari momenti di inattività, ma soprattutto la ricca simbologia sottesa al gioco consentiva alla società feudale di trasferire in esso turbolenze, conflitti e pulsioni sublimate"[16].

La scacchiera compare spesso nei pavimenti e nei luoghi di culto dei Templari come, per esempio, all'esterno della cattedrale di San Lorenzo a Genova. Il loro stesso vessillo, il *beauceant*, una banda bianca sopra una banda nera, era probabilmente una estrema semplificazione della scacchiera. In tali contesti la scacchiera sembra legata ai quadrati magici con i quali condivideva non solo i significati simbolici ma anche l'alternanza — dei colori in un caso, delle consonanti e delle vocali nell'altro, come nella celebre scritta: SATOR, AREPO, TENET, OPERA, ROTAS.

Ancora nei pavimenti dei templi massoni il bianco e nero indica la conflittualità tra bene e male, ma anche la complementarietà, affinché queste due forze antagoniste lavorino in positivo per erigere templi alla virtù.

Boucher[17] mette in rilievo il simbolismo delle linee divisorie tra le caselle: su di esse si muoverebbe l'iniziato, alieno dall'abbandonarsi al bianco e al

---

[16] Pasquini, Laura, Il gioco degli scacchi nel mosaico medievale: gli esempi di Pesaro, Otranto e Piacenza. In Angelelli C., *Atti dell'XI Colloquio AISCOM* (Ancona, 16-19 febbraio 2005), Tivoli, Scripta Manent, 2006.

[17] Boucher, Jules, *La Symbolique maçonnique*, 1948, trad. it. Caio Mario Aceti: *La simbologia massonica*, Atanòr, Roma, rist. 1990

nero, mentre il profano passerebbe dall'uno all'altro senza equilibrio, e scatenando ogni volta reazioni contrastanti.

I pezzi islamici erano di colore verde (smeraldo) e rosso (rubino) oppure bianco (avorio) e nero (teak), si giocava abitualmente su scacchiere di carta *(ruq'a)*, tovaglie o tovaglioli *(sufra)*, panni *(nat'a)* o tappeti *(bisat)* ma le caselle erano rigorosamente monocrome[18]
.

La colorazione della scacchiera nel mondo cristiano deve essere avvenuta quasi subito, come dimostra il mosaico della Chiesa di San Savino a Piacenza. Tra le colorazioni più comuni, oltre al bianco e il nero, si trovano il bianco e il rosso come nella chiesa della facciata dei santi Pietro e Andrea a Trequanda, nel loculo che sovrasta il portale della facciata della chiesa di San Giovanni di Saluzzo, nella scacchiera a notevole altezza che si trova sul fianco sinistro settentrionale della cattedrale San Lorenzo di Genova, nelle scacchiere della basilica di Sant'Ambrogio a Milano, nel pavimento della chiesa di Santa Lucia di Piave o nello stemma di Pistoia.

La scacchiera della chiesa di Vico Pancellorum con i suoi quadrati in rilievo simula una colorazione. Si tratta di una eccezionale testimonianza che la po-

---

[18] Murray, H.J.R., *A History of Chess*, Oxford, Oxford Univrsity, 1913, pag. 220

ne, insieme a quella della pieve di San Cassiano di Controne, di Scarperia del Mugello e di San Savino, tutte databile intorno al XII secolo, tra quelle di più antica colorazione di scacchiera e dimostrerebbe come tale novità sia stata adottata in Europa in tempi molto rapidi.

Gli europei dimenticarono presto di avere appreso il gioco dagli arabi. Il gioco fu ritenuto molto più antico di quanto realmente fosse. Sorsero leggende che attribuirono la sua invenzione a Palamede durante l'assedio di Troia o al filosofo Serse. Qualcuno si spinse addirittura ad attribuirlo al primo uomo, Adamo. Per errata interpretazione di alcuni passi di Ovidio riguardo all'antico gioco romano dei latruncoli, nel Medioevo ci si convinse che gli scacchi fossero conosciuti nella Roma antica. Tra le elegie scritte in epoca medievale sotto il falso nome di Ovidio ve ne sono alcune a contenuto scacchistico come il *De ludo scaccorum* o il *De Vetula*. Tali leggende sull'origine degli scacchi sono sopravvissute per secoli anche a livello popolare. Ne fanno fede i dipinti o le manifestazioni folcloristiche come il premio ottenuto nel 1717 dalla contrada della Tartuca a Siena, per avere rappresentato nel proprio carro gli eroi greci i "quali ritrovandosi all'assedio di Troja, inventarono il giuoco degli Scacchi, allusivo alla tartaruga, che sopra la sua dura scorsa forma la scacchiera"[19].

Un elemento ricco di implicazioni nel gioco europeo fu la comparsa di un pezzo femmina. In una società fortemente sessuofobica e maschilista questa nuova figura non fu esente da problemi; occorreva risolvere quelli legati alla bigamia. La promozione di un pedone poteva dar luogo a due regine dello stesso colore su un'unica scacchiera. La Regina, nei paesi cattolici, divenne Donna (Donna in italiano, *Dama* in spagnolo, *Dame* in francese), mentre in quelli protestanti rimase Regina (*Queen* in Inghilterra). Per il cattolicesimo due mogli era evento inammissibile fosse anche in un gioco, mentre avere concubine era un peccato tollerato. Con il pedone si ebbero problemi legati al transessualismo. Il pedone[20] (probabilmente di derivazione latina, *pedes,* fante), senza dubbio maschio, arrivato a promozione in ottava traversa si tramutava in donna. In Italia il problema fu risolto in due modi. Si cambiò sesso al pedone che divenne femmina: la pedona e, tale nome si trova in molti trattati dal XVI al XVIII secolo, di fatto fino alla Rivoluzione Francese e, più dra-

---

[19] Pecci, Giovanni Antonio, *Relazione distinta delle quaranta-due contrade*, Siena, 1723.
[20] Il termine generico pedina deriva da pedone e non viceversa come alcuni sostengono.

sticamente, si impedì a un pedone di trasformarsi in donna, se tale pezzo era ancora presente sulla scacchiera. Tale regola, adottata solo in Italia, fu tolta solo con il torneo di Milano del 1881. Ma, ancora nel 1827, l'abate Michele Colombo segnalava gli inconvenienti della promozione a Donna: "Ma se un fiere è una donna o una Regina, o la moglie del Re, per qual metamorfosi strana cangerà un Pedone di sesso, e colui ch'era prima un soldato diverrà donna e moglie del re in ricompensa di quel valore di cui ha date sì grandi prove? Un'assurdità di tal fatta mostra bene quanto mal a proposito siasi dato al secondo pezzo degli scacchi il nome di Donna o Reina; imperciocché qual Monarca fu mai che s'innamorasse del suo primo Ministro, che lo facesse la propria sposa, e seco stringesse un nodo da non potersi più discorre se non per morte?"[21]

Questi aggiustamenti rispetto alla morale corrente, nel medioevo non impedirono al gioco di entrare in rotta di collisione con la Chiesa. Il movimento diverso e limitato di alcuni pezzi ne facevano un gioco assai più lento rispetto a quanto lo sia oggi. Il pedone muoveva sempre di una casa, anche quando si trovava in quella iniziale, l'Alfiere saltava di tre passi in diagonale e la Donna muoveva di un

---

[21] Colombo, Michele, *Il Giuoco degli scacchi renduto facile ai principianti*, Sanvito, Milano, 1857, pag. 20

solo passo in diagonale. Queste regole rendevano il gioco molto lento e, di conseguenza, poco adatto a farne oggetto di scommesse. Gli arabi avevano risolto il problema iniziando la partita da posizioni avanzate simmetriche, dette *tabi*. In Europa ebbero successo posizioni create ad arte con un enunciato da rispettare, detti *partiti* e, in certe zone, il gioco normale conviveva talvolta con la sua variante con i dadi. Ognuna delle sei facce del dado era associata a uno dei sei pezzi della scacchiera. L'uscita di un determinato numero costringeva il giocatore a muovere il pezzo corrispondente. L'uso dell'alea era vietato dalla chiesa e anche da molti statuti municipali e di conseguenza il divieto si estendeva alla variante, peraltro non molto diffusa, degli scacchi giocati con i dadi. Nella realtà, salvo eccezioni gli statuti municipali, proprio per le loro caratteristiche non aleatorie, ammettevano esplicitamente gli scacchi. Spesso, anzi, erano l'unico gioco ammesso. L'atteggiamento della Chiesa fu invece ambivalente. Nel 1061 San Pier Damiani mise a pane e acqua un vescovo fiorentino per aver trascorso la notte a giocare a scacchi. Inutile si rivelò la difesa del prelato che faceva notare come agli scacchi mancasse l'elemento aleatorio. Con questo precedente anche alcuni sinodi li proibirono insieme ai dadi. Vietarono gli scacchi il Concilio di Parigi del 1212, il Concilio Biterrese del 1255 (quod nullus omnino ad taxillos ludat, sive aleis, sive scachis), quello di Treviri del 1310 e il sinodo di Wurzburg del 1329. A Perugia, la domenica del 23 settembre 1425 San Bernardino, in una predica infuocata tuonò contro le vanità che "li homini mandaro dadi, carte, tavolieri, scacchi e simili cose", alla fine della quale si procedette al brucia-mento in piazza di tali strumenti di vanità. E a Siena, l'anno successivo, ancora San Bernardino affermò che uno dei suoi frati, Matteo da Cecilia, aveva bruciato "duemila settecento scachieri in uno dì a Bar-zelona, che v'erano di molti che erano d'avorio". Gli scacchi dovevano essere arsi per non cadere in tentazione. "O così anco colui che dice: « O che bisognava ardere i tavolieri? Elli bastava a levar via il gioco senza ardarli, e conduciare che chi giocava, si rimanesse di quello e d'ogni suo malfare». Tu dici: — Oh si giuoca in segreto! — Io ti domando se tu ha' memoria di quello che io ti dissi. Io so' bene ch'io non t'ho detto che tu arda e' tavolieri, e poi giochi; so' io ch'io ti dissi, che tu ti rimanesse del gioco, che non n'è boccone di buono; e perché non te ne venisse voglia, che tu ardesse e' tavolieri e l'altre cose che ti davano cagione di giocare"[22].

---

[22] Quaresimale Siena 1427, pred. XXV, 50

Nel 1496 e 1497 fu Girolamo Savonarola a far mettere al rogo anche gli scacchi in due famosi "bruciamenti di vanità" a Firenze in piazza della Signoria. Un testimone scrisse che venne eretta una specie di piramide alta trenta cubiti e che nel rogo c'erano "non piccole quantità di scacchieri e simili altri strumenti di Satana"[23].

E ancora in tempi recenti don Lorenzo Milani rimproverò due studenti di Barbiana, trovati intenti a giocare a scacchi, perché "non c'è niente di più profondamente immorale di un gioco che richiede concentrazione intellettuale, mentre un gioco, anche a volerlo concedere, ma non lo concederei neanche così, deve essere almeno distensivo"[24]. Incuranti dei divieti, molti sacerdoti giocavano a scacchi. Nel *Trecentonovelle*, Franco Sacchetti narra del pievano di San Giovanni in Soana Valdipesa che suonava le campane ogni volta che dava scacco matto al suo avversario e uno dei testi più diffusi del Medioevo furono le prediche di un frate domenicano piemontese, Jacopo da Cessole, che usava il gioco degli scacchi per i suoi insegnamenti morali[25]. Nel XIII

---

[23] *Canzona d'un pignone pel bruciamento delle vanità nel Carnevale del 1498*, Grazzini, Firenze, 1864, pp. XXI-XXII

[24] Milani, Lorenzo, Lettera a V. Lampronti del 23 giugno 1961, in *Lettere di don Lorenzo Milani priore di Barbiana*, Milano, Mondatori, 1970

[25] È notevole che due secoli e mezzo prima che la Donna assu-

secolo fra' Jacopo, si compiaceva che la Donna avesse così poca libertà di movimento perché, come ebbe a dire all'inquisitore Jacopo da Levanto a commento di una sua partita: "Le femmine non debbono andare troppo a torno". Nel trattato *Liber de moribus hominum et officiis nobilium super ludo scachorum*, libro che insegna anche a giocare e che ebbe un successo enorme tanto da fare a lungo concorrenza alla stessa Bibbia, Jacopo usa i pezzi degli scacchi come allegoria della società. Ogni pezzo rappresenta un gruppo sociale e le sue qualità sulla scacchiera sono da ammaestramento per un comportamento virtuoso. Oltre al Re, alla Regina e ai Cavalieri, le Torri – o rocchi come solevano chiamarsi all'epoca – rappresentavano gli emissari del re mentre ad ognuno dei pedoni fu attribuita una differente mansione: contadini, operai, sarti e notai, mercanti e cambiavalute, medici e farmacisti, tavernieri e camerieri, corrieri. Il Re e la Regina, che sulla scacchiera avevano entrambi un movimento limitato, si adattavano bene a rappresentare la visione sociale del cattolicesimo in tema di controllo della sessualità. "Il Re deve osser-

---

messe il movimento odierno nel componimento di Gautier de Coini (1177-1236) *Les miracles de Notre Dame*, in cui è descritta una partita a scacchi tra Dio e il diavolo, la Donna (la Vergine Maria) sconfigge il diavolo muovendo straordinariamente in tutte le direzioni come oggi.

vare un'assoluta astinenza" predica il frate e la donna "deve essere casta, docile, di buona famiglia". Le parole 'casta' e 'castità' sono ripetute più volte quando tratta delle virtù femminili. "Tra il XII e il XIII secolo, la società feudale sviluppò un elaborato sistema di leggi che instaurò quello che Adams chiama il passaggio dalla coercizione fisica alla coercizione non fisica. I cavalieri, i bottegai, i contadini e le altre categorie di lavoratori ora sentivano di avere una responsabilità nei confronti dello Stato sia a livello legale sia a livello morale. Avevano un maggior controllo fisico delle loro attività, ma erano anche consapevoli di essere osservati dagli altri. Jacopo da Cessole definì perfettamente questa dinamica usando ancora una volta gli scacchi"[26]. Dopo la capacità di spiegare sistemi complessi e di difficile interpretazione, la possibilità di veder se stessi sulla scacchiera ha costituito un altro grande contributo metaforico degli scacchi.

Prima di Jacopo un altro importante manoscritto si era occupato della moralità degli scacchi, quel *Quaedam moralitas de scaccario* attribuito da alcuni a papa Innocenzo III, da altri al frate francescano Giovanni del Galles. "Il bianco ed il nero mostrano le due condizioni della vita e della morte, della preghie-

---

[26] Shenk, David, *Il gioco Immortale*, op. cit., pp. 67-68

ra e del peccato. I pezzi raffigurano uomini di questo mondo di comune natalità ma che occupano un differente stato sociale e rango nella vita, che lottano tra loro e che in ultimo sono accomunati da un identico destino che livella ogni differente ceto". Alla fine della partita tutti i pezzi rientrano alla rinfusa nella scatola. La morte livella le differenze. Ancora una volta gli scacchi si prestano ad essere efficace allegoria della vita e della morte.

La riabilitazione ufficiale degli scacchi si deve a Giovanni de' Medici, assurto al papato nel 1513 col nome di Leone X. A Firenze gli scacchi erano di casa e i Medici coltivarono con amore il nobil gioco. Giovanni, figlio di Lorenzo, grande appassionato, continuò a giocare anche durante il pontificato. Protese il gioco e ne favorì la diffusione anche in ambito ecclesiale. Di lui, Baldassarre Turisi da Pescia, scrisse nel 1514: "Nostro Signore sta la maggior parte del dì in la stanza sua ad giocare ad scacchi, ed udire sonare"[27]. Leone X lesse, ancora inedito, il poemetto del Vida sugli scacchi[28] e l'apprezzò a tal punto da commissionare all'autore un poema sulla vita di Cristo.

---

[27] Roscoe, Guglielmo, *Vita e pontificato di Leone X*, Tomo XI, Sonzogno, Milano, 1817, pag. 91
[28] Vida, Marco Gerolamo, *De ludo scacchorum,* Roma, apud Ludovicum Vicentinum, 1527

Fu certamente grazie all'influsso di Leone X che Santa Teresa d'Avila parlò positivamente degli scacchi nel *Cammino alla perfezione,* scritto tra il 1564 e il 1566, aprendo la via alla definitiva opera di San Francesco di Sales. Da notare che il 14 ottobre 1944 il vescovo di Madrid ha proclamato Santa Teresa d'Avila patrona degli scacchisti.

San Francesco di Sales, allora vescovo di Ginevra, nell'*Introduzione alla vita devota,* scritta ad Annecy nel 1608, nel capitolo intitolato "Passatempi e divertimenti e anzitutto quelli leciti e lodevoli", scrive: "A scacchi bisogna solo guardarsi dall'eccedere, perché se vi si impegna troppo tempo non è più sollievo, ma occupazione; non si solleva né lo spirito né il corpo, ma anzi si stancano e si svigoriscono entrambi. Uno che abbia giocato per cinque o sei ore agli scacchi nel levarsi è totalmente abbattuto e spossato di spirito". L'accusa di occuparsi di cosa vana ha fatto convivere l'*homo ludens* per secoli con un senso di colpa non del tutto ancora superato. In molti libri gli scacchisti hanno sentito il bisogno di giustificare la loro passione. Nel suo trattato di scacchi del 1561, il sacerdote spagnolo Ruy Lopez scomodava Aristotele per dire che il gioco degli scacchi era non solo lecito ma necessario alla conservazione della vita; salvo poi negare le stesse qualità a quello della palla ("ancor lecito ma, per amor della quiete, non necessario")[29]. L'arcivescovo di Milano Carlo Borromeo nell'autunno del 1584 vinse con il gioco dieci scudi al cugino Guido Ferrero. Tale denaro intendeva spenderlo per la vestizione di una monaca. Richiamato a Milano si dimenticò l'anello episcopale che gli fu prontamente recapitato, ma non i soldi. Dovette scrivere al cugino di mandargli gli scudi "...se non volete che quelle povere monache invece di orazioni vi diano imprecazioni..."[30]. Nel 1617 don Pietro Carrera si giustificava dicendo che lo aveva tenuto lontano dal gioco d'azzardo, dalle "prattiche delle meretrici, & almeno per haver fuggito l'ocio, ch'è fonte de' peccati"[31] e Benjamin Franklin (1779) arrivò a scrivere un piccolo trattato dal titolo eloquente: *The Morals of Chess*. Residui di questo ostracismo si sono trascinati fino a noi. Ancora oggi nel sentire comune rimane uno strascico incapace di distinguere serietà da seriosità.

Anche l'Islam si era posto il problema della liceità degli scacchi e se essi rientrassero nelle proi-

---

[29] Lopez, Ruy de Segura, *Il gioco de gli scacchi*, presso Cornelio Arrivabene, Venetia 1584, p. 3
[30] Sanvito, Alessandro, *Gli scacchi in Lombardia*, Milano 1985, p. 10
[31] Carrera, Pietro, *Il gioco degli scacchi*, per Giovanni de Rossi da Trento, Militello 1617

bizioni coraniche. Il Corano non se ne occupò direttamente perché precedette di pochi anni l'introduzione degli scacchi nel mondo arabo (640) ma tra le azioni proibite cita, oltre al vino e al gioco d'azzardo (*maisir*), anche gli *ansab*, le pietre ritte (Sura V, versetto 92): "O voi che credete, invero il vino, il *maisir*, gli *ansab* e le frecce per l'estrazione a sorte, sono opera abominevole di Satana; astenetevi quindi da quelle cose affinché voi possiate prosperare".

Le figure scolpite sapevano d'idolatria e probabilmente anche per non incorrere in questo divieto i pezzi del gioco persero le loro forme antropomorfe.

Nel 655 Alì Ben Abu-Talib, quarto califfo, emise una *fatwa* per vietare gli scacchi. Il divieto scaturiva, più che dall'accostamento con gli *ansab*, dalla constatazione di quanto il gioco fosse capace di assorbire: "Che immagini sono queste a cui guardate così intensamente" si narra abbia esclamato vedendo due giocatori intenti a giocare. "Forse non siete stati creati per cose più grandi?". Altri divieti furono emanati nel 780 da al-Mahdi ibn al-Mansur e nel 1005 in Egitto da Hakim Ni-Amr Allah. Ma altri califfi furono essi stessi amanti del gioco e ne favorirono la diffusione e nel suo complesso la teologia musulmana mostrò di tollerarli, a patto che non compromettessero le pratiche religiose. Questo clima di tolleranza fu interrotto nel dicembre 1980 dall'ayatollah

Muhammad Khomeini che li proibì perché incoraggiavano il gioco d'azzardo e danneggiavano in modo grave il cervello. Nel 1988 lo stesso Komeini riabilitava gli scacchi dei quali riconosceva numerose virtù. Nel 1996 il mullah Mohammed Omar li vietò in Afganistan insieme a una lunga lista di attività ricreative. In Iraq sono stati proibiti, per il loro aspetto competitivo, da Al-Sistani – e che per questo però li ammette nella problemistica. La sua proibizione non ha, però, ricadute pratiche sull'intera popolazione. "Al-Sistani" ha commentato nel 2006 Baha Abbas, prima scacchiera della nazionale afgana alle olimpiadi di scacchi di Torino, "è solo uno tra i tanti clericali: ce ne sono molti altri che ritengono gli scacchi non siano *haram*". "In altri paesi arabi gli scacchi rimangono molto popolari, come ad esempio nella capitale degli Emirati Arabi Dubai: in questa modernissima città vengono disputati con grande frequenza importanti tornei internazionali da oltre un ventennio. Nel 2007 in una competizione giovanile internazionale, i giovani scacchisti occidentali si sono imbattuti in una strana forma di 'decapitazione' nei confronti dei Re degli scacchi: al Re di un normale gioco di scacchi modello Staunton è stata asportata la croce sovrastante la corona per non intaccare la sensibilità dei giocatori musulmani"[32].

Gli scacchi hanno avuto problemi anche con altre religioni. Il rabbino Maimonide li proibì nel 1195 e lo stesso fece il rabbino Kalonymos nel 1322. Questi divieti sono eccezioni perché la maggior parte dei rabbini li incoraggiava. Col passare dei secoli gli scacchi sono sempre più entrati a far parte della cultura ebraica e dal XIX secolo una parte considerevole di grandi giocatori, e quasi la metà dei campioni del mondo, sono stati ebrei.

Per i Testimoni di Geova è ancora d'attualità un articolo apparso su *Svegliatevi*[33], in cui giocare a scacchi, pur non proibito, è scoraggiato.

Gli statuti municipali sono stati tolleranti. Salvo eccezioni i divieti riguardavano i giochi con l'alea mentre gli scacchi erano esplicitamente ammessi, talvolta come unico gioco.

Anche le proibizioni ecclesiastiche riguardavano i giochi con l'alea ma questa da sola non basta a spiegare i divieti. Ci deve essere qualcosa che lega la proibizione inflitta nel 1061 da san Pier Damiani, ai divieti pronunciati in vari concili, i *bruciamenti* in piazza di San Bernardino, la reprimenda di don Lorenzo Milani; la *fatwa* di Khomeini, la proibizione

---

[32] Del Dotto, Riccardo, *Il gioco degli scacchi nel diritto comparato delle religioni*, Tesi di Laurea Univ. Pisa, AA 2007-2008, p. 58
[33] 8 settembre 1973, pp. 12-15

pronunciata dal mullah Mohammad Omar e il divieto di Al Sistani. Questo qualcosa è il fondamentalismo religioso che non tollera che ci si possa interessare per ore in modo esclusivo a qualcos'altro che non sia la religione. Ma, rovescio della medaglia, lo stesso *quid* che li rende invisi ai fondamentalisti, li aiuta durante le dittature: meglio che persone intellettualmente vivaci si occupino di scacchi che di politica. Non è un caso che gli scacchi abbiano trovato terreno fertile nelle Filippine di Marcos, nella Grecia dei colonnelli, nella Libia di Gheddafi o nella Cina odierna.

Non deve stupire troppo che anche i totalitarismi si siano interessati agli scacchi. Tutte le attività dovevano essere poste sotto controllo e finalizzate all'ideologia. E così i sovietici hanno dato un certo senso agli scacchi (in un certo periodo come momento rivoluzionario di alfabetizzazione delle masse, in un altro come dimostrazione della superiorità di un sistema ideologico sull'altro), mentre i nazisti li hanno assimilati rielaborandoli secondo la loro ideologia (scacchi ariani e non ariani).

Jérome Maufras, su *Echecs et mat*[34], la rivista della federazione francese, nel constatare l'interesse delle dittature verso gli scacchi, sostiene l'ipotesi suggestiva – ma non necessariamente in contrasto

---

[34] "Echecs et Politique", *Echecs et mat*, 82, ott.-dic. 2005, pp. 8-9.

con la precedente – che i regimi totalitari vedrebbero negli scacchi un modo di mettere in pratica le loro teorie. Al contrario, gli scacchisti che si occupano di politica vedrebbero la possibilità di mettere in teoria la loro pratica, vale a dire proiettare la loro rappresentazione del mondo dentro una scacchiera e di organizzare il mondo come una partita.

La rivoluzione russa e l'interessamento del regime bolscevico fecero la fortuna degli scacchi tra la prima e la seconda guerra mondiale. La guerra fredda consolidò questa fortuna, l'intero mondo divenne una scacchiera su cui le due superpotenze giocavano le loro mosse; ma essa si giocò anche sulla piccola scacchiera dove l'Unione Sovietica, per tanti altri versi indietro rispetto all'Occidente, aveva un predominio incontrastato di cui si faceva vanto e che cercò di proteggere non lesinando uomini e mezzi.

Il conflitto tra i due blocchi fu simboleggiato dalla sua sublimazione scacchistica che probabilmente contribuì a scongiurare il conflitto reale. In modo acuto Stefano Bartezzaghi ha osservato che "è stato detto che la guerra fredda è una delle migliori fortune mai capitate al gioco degli scacchi: ma forse è vera anche l'affermazione complementare, e cioè che gli scacchi siano state una delle migliori fortune capitate alla guerra fredda"[35].

Ma perché proprio gli scacchi sembrano avere così fortuna nei regimi dittatoriali? A questo interrogativo si sono date risposte non so quanto convincenti: rapporto dialettico più o meno complesso tra due colori, tra bene e male, tra classi, credenza nell'importanza della pianificazione ed esecuzione delle idee, decisioni che si traducono nella validità di un ragionamento, autocritica in caso di errori. Teoria e pratica si intrecciano in modo fecondo ed armonioso. Le dittature valorizzano gli sport e gli scacchi, sport intellettuale per eccellenza, sono visti come un modo per controllare le menti. Ma perché l'Unione Sovietica doveva far diventare strategico un gioco che riproduce in miniatura una società non comunista, che valorizza la meritocrazia e classifica i giocatori in modo rigidamente gerarchico, premiando i meritevoli e non i più fedeli al partito? Perché dare spazio proprio al gioco che riproduce le virtù occidentali? Perché non il go (*wei-c'hi*) come nella Cina di Mao che si gioca con pedine di ugual valore? Dal punto di vista ideologico gli scacchi, gioco senza alea, aboliscono la fortuna e quindi sono perfettamente ortodossi per il materialismo storico. Nel gioco è insita l'idea che l'uomo, con la sua ragione, possa controllare gli avvenimenti e costruire la storia (lo

---

[35] Bartezzaghi, Stefano, Re, regina e alfiere alla Guerra Fredda, *La Repubblica*, 31 luglio 2005.

svolgimento della partita) e, più subdolamente, da parte del potere, che le persone possano essere manovrate come pezzi della scacchiera. Gli scacchi furono impregnati dall'ideologia. Gli organizzatori e gli ideologi del movimento scacchistico sovietico furono influenzati dal marxismo-leninismo. Nel 1965, D.J. Richards scrisse al riguardo: "La dottrina marxista leninista dà le giustificazioni teoriche e le basi politiche alla creazione di un movimento scacchistico di massa. Spiega la serietà con cui gli scacchi sono trattati; il ruolo politico e culturale ascritto al gioco e il ruolo sociale privilegiato assegnato al maestro. Il marxismo leninismo motivò l'affiliazione all'Internazionale scacchistica dei lavoratori negli anni venti ed è all'origine dell'aggressione culturale contro l'occidente giocata oggi dagli scacchi. Il marxismo leninismo aiuta a formulare il concetto di stile di gioco sovietico e di scuola sovietica di scacchi, fondamentalmente diversa da quella borghese o capitalistica. Esso influenza la storia sovietica del gioco e persino la teoria scacchistica"[36].

La spinta iniziale che innescò la grande diffusione fu dovuta a Alexander Ilyin-Genevsky, un giovane bolscevico, appassionato di scacchi, che si trovò al posto giusto nel momento giusto. Il ruolo più impor-

---

[36] Richards, D.J., *Soviet Chess*, Oxford, Clarendon Press, 1965, pp. 189-190.

tante lo svolse Nikolay Krylenko, potente uomo d'apparato e capo indiscusso degli scacchi sovietici fino alla defenestrazione e successiva fucilazione, avvenuta nel 1938 durante una delle ondate di purghe staliniane che si abbatterono con furia cieca su dissidenti e fedeli. Poi tutto seguì a cascata: diffusione di massa in URSS, enorme diffusione nei paesi satelliti dopo la seconda guerra mondiale e diffusione nel resto dell'Occidente grazie a un geniale americano, Robert James Fischer quando, praticamente da solo, riuscì a sconfiggere la più potente macchina scacchistica del mondo.

Ma, nonostante la loro fortuna, negli ultimi cinque secoli gli scacchi sono stati un gioco soprattutto maschile. Non era così nel mondo arabo e non era così in Europa fino a tutto il Rinascimento. La diffusione degli scacchi tra le donne benestanti fino al XVI secolo era legata alla loro condizione subalterna. Relegate tra le mura domestiche dei signori arabi o dei castelli medievali europei, gli svaghi non erano molti e gli scacchi non presentavano rischi di sorta. La partita a scacchi era anche, nella realtà e nell'immaginario, uno dei pochi momenti leciti in cui uomini e donne non imparentati potevano entrare in contatto diretto.

Questo spiega il proliferare di novelle amorose nate da una partita a scacchi. In Europa fin dal 1100 poeti e cantastorie di lingua Provenzale avevano accostato amore e scacchi. Come scrive Merritt R. Blakeslee[37], all'inizio l'accostamento è utile a mettere in rilievo come l'amore sia un combattimento tra due nobili avversari e che esso è un gioco dal rituale rigoroso e dalle regole complesse. In seguito i poeti cantano di essere conquistati (mattati) dall'amata ma la metafora si estende anche ai rivali in amore. I cavalieri francesi, come gli eroi Gui di Nanteuil, Raul di Cambrai e Gallerano di Bretagna, sono tutti abili giocatori di scacchi. L'associazione tra scacchi e amore nasce in Francia nel regno dei poeti e dei cantastorie provenzali ma il capostipite di questo genere di racconti, il più celebre, è l'innamoramento di Tristano e Isotta, una delle pagine più belle dell'intera letteratura medioevale.

In una romanza scritta in Francia in lingua provenzale intorno al 1250, la *Chanson de gest Huon de Bordeaux*, si narra di un conte cristiano che, dopo aver attraversato il Mar Rosso e arrivato in Babilonia, decide di entrare nel castello del visir Yvarins fingendosi un paggio al servizio di un menestrello. Insospettito, il visir gli domandò che cosa sapesse fare e Huon dichiarò la propria abilità nel cacciare, nell'an-

---

[37] Blakeslee, Merritt R., *Lo dous jocx sotils: la partie d'échecs amorureuse dans la poésie des troubadoures*, Cahier de civilization médiéval 28, 1985

dare a cavallo, nel giocare a scacchi e a back-
gammon. Yvarins decise di metterlo alla prova con
gli scacchi facendolo giocare contro la propria figlia,
"la più bella ragazza che si possa incontrare", scac-
chista molto forte. Sicuro della bravura della figlia il
padre promette una notte con lei come ricompensa in
caso di vittoria di Huon ma dichiara di tagliargli la
testa se sconfitto. Fatta portare una scacchiera dipinta
d'oro e d'argento e i pezzi d'oro smaltato, la partita
ha inizio alla presenza dei baroni, invitati ad
assistere. All'inizio Huon cade in svantaggio ma ben
presto la giovane comincia a distrarsi e a guardare più
Huon che la scacchiera. Il padre, alla vista della
vicina sconfitta della figlia, si preoccupa per la scommessa fatta. Ma Huon lo rassicura dicendo che non
costringerà la figlia a trascorrere la notte con lui. Il
padre raggiante gli dice che se farà così lui gli darà
cento monete d'oro. E Huon accetta. A questo punto
la ragazza, piena d'ira per essere stata sconfitta senza
dover pagare pegno grida a Huon: "Se l'avessi saputo
ti avrei dato scaccomatto!" .

7. Tristano e Isotta bevono il filtro d'amore (secolo XIV)

L'innamoramento di Tristano e Isotta, come l'intrecciarsi di Alfieri e Cavalli tra Lancillotto e Ginevra che usarono gli scacchi per incontrarsi, colpirono l'immaginazione delle castellane, e gli scacchi — nei volgarizzamenti italiani – furono protagonisti in molte scene d'amore. Talvolta, gli scacchi vengono introdotti proprio dal cantastorie italiano. Tipico è il caso della *Chastelaine de Vergi*, un poemetto medievale francese. La menzione degli scacchi protagonisti dell'innamoramento non si trova nel testo francese: è un'invenzione del poeta del cantare italiano, pervenutaci in due manoscritti pisani della fine del Quattrocento:

"Un giorno er'ito el Duca a suo diletto / Fuor della terra a un suo ricco palazzo / E la duchessa sanza ignun sospetto / Prese messer Guglielmo per lo brazzo / E menosselo in zambra, a lato al letto / Ragionandosi insieme con sollazzo. / E per giocar la donna e'l cavaliere / Fece venir gli scacchi e lo scacchiere".

Alcuni episodi della Castellana di Vergi (o Virzù) furono dipinti sul finire del Trecento sulle pareti di una camera da letto in Palazzo Davanzati a Firenze. La duchessa di Borgogna, approfitta dell'assenza del marito, per cercare di sedurre messer Guglielmo attirandolo nella propria camera da letto con la scusa di una partita a scacchi. Dopo avergli rivelato il suo sentimento viene respinta perché Guglielmo ama un'altra, ma non le dice che è la castellana di Virgì. Umiliata per il rifiuto la duchessa si vendica raccontando al proprio marito una menzogna: il cavaliere l'ha offesa con proposte d'amore Per discolparsi della falsa accusa il cavaliere è costretto a tradire il suo segreto che, per bocca della duchessa, è reso pubblico durante una festa. La Castellana, disonorata, si toglie la vita e il cavaliere, disperato, si uccide. Quindi il duca ucciderà la moglie indegna e partirà, con l'animo afflitto, per la crociata.

8. Palazzo Davanzati a Firenze. La signora di Virzù gioca a scacchi con il cavaliere di Borgogna (XIV secolo)

All'episodio narrato dal cantastorie, si riferisce il Boccaccio quando, nella novella nona della terza giornata del *Decameron*, racconta di Dioneo e di Fiammetta che "cominciarono a cantare di messer Guiglielmo e della dama del Vergiù", aggiungendo subito dopo che "Filomena e Panfilio si diedono a giucare a scacchi".

Gli scacchi come momento di seduzione erano resi possibili dalle regole arabe che rendevano il gioco molto lento. La partita poteva cominciare la mattina, essere inframmezzata da chiacchiere e musica, essere interrotta dal pranzo per poi continuare il pomeriggio. C'era tutto il tempo necessario per giocare più o meno esplicitamente con gli sguardi e le parole. Ma alla fine del XV secolo gli scacchi subirono una trasformazione importante. Alcuni pezzi, il pedone, l'Alfiere e soprattutto la Donna, divennero più potenti e questo rese la partita più instabile e violenta. Una sola mossa debole poteva far perdere la partita e i Fuor

giocatori erano costretti a concentrarsi nel gioco. Anche il numero di mosse si ridusse drasticamente. Non c'era tempo di fare altro. Che gli scacchi fossero un gioco che richiede concentrazione ben lo sapeva Giovanna II, regina di Napoli, figlia di Giovanna d'Angiò, che dovette inventarsi un metodo tutto suo per distrarre un troppo concentrato Caracciolo di cui si era invaghita. "La prima occasione che ebbe la regina di farli intendere che lo amava fu" racconta Pandolfo Collenuccio, "che essendo lui sommamente pauroso di sorci, un dì giocando a scacchi ne l'anticamera de la regina, lei proprio fece buttare un sorcio addosso al Caracciolo: lui per paura correndo e urtando questo e quello, fuggì ne l'uscio de la camera ove era la regina e addosso le venne a cadere, e in cotal modo lei il suo amore li scoperse: né stette molto dappoi questo atto, che gran siniscalco fu creato"[38].

Diversi studiosi hanno ritenuto che a ideare un rafforzamento del potere della Regina sulla scacchiera sia stata una donna e hanno cercato di individuarla in un'appassionata giocatrice di forte personalità e di elevata posizione nella società feudale. La Donna 'a la rabiosa' sarebbe così la trasposizione sulla scacchiera di una realtà esistente in una qualche corte europea, più probabilmente italiana o spagnola. Si sono fatti i nomi di Caterina Sforza, Beatrice d'Este e Lucrezia Borgia, "tutte donne accomunate da una grande capacità nel condurre gli affari politici, dalla personalità decisa e bellicosa, determinate nel raggiungere gli obiettivi che si erano prefisse. A questa ristretta rosa, altri studiosi hanno proposto di aggiungere Isabella di Spagna e Giovanna d'Arco, se non altro per la forte influenza esercitata da queste figure sulla società e sui giocatori di scacchi dell'epoca"[39]. A riprova di questa tesi alcuni autori citano il caso della Russia, dove a lungo è mancata una figura

---

[38] Collenuccio, Pandolfo, *Compendio delle historie del Regno di Napoli, composto da messer Pandolfo Collenutio iurisconsulto in Pesaro*, Vinegia: per Michele Tramezino, 1548
[39] Pezzuto, Ferruccio, *Re Regina Cavaliere*, Liber internazionale, Pavia 1995, pp. 23-24

femminile pubblica forte, e dove per questo il pezzo a fianco del Re è rimasto figura maschile fino all'avvento di Caterina la Grande.

Marilyn Yalom, femminista e feconda studiosa della Stanford University, nel 2004 ha fatto propria questa ipotesi nel libro *Birth of the Chess Queen: A History*[40], e ha sottolineato come l'aumentata potenza della Donna abbia coinciso con il regno di Isabella di Castiglia (1451-1504). Per altre vie, l'olandese Govert Westerveld e lo spagnolo José Antonio Garzón Roger, erano giunti alla medesima conclusione[41]. La Yalom ha evidenziato lo stretto collegamento fra la regina degli scacchi, il culto della Vergine Maria ed il culto dell'amore romantico, che hanno influenzato la società europea nei secoli successivi. In particolare, a detta dell'autrice, la Regina negli scacchi ed il culto dell'amore si sarebbero sviluppati insieme ed avrebbero formato un rapporto simbiotico, alimentandosi l'uno con l'altro. Il nuovo movimento della Regina si trova descritto per la prima volta nel poema catalano *Schacs d'amor* scritto, secondo Garzon[42], tra il 1474 e il 1477.

---

[40] Pandora Press, pp. 272
[41] Westerveld, Govert – Garzón Roger, José Antonio, *La Reina Isabel la catolica: su reflejo en la dama poderosa de Valencia, cuna del ajedrez moderno y origen del juego de damas*, Generalitat Valenciana, Valencia 2004. Westerveld aveva avanzato questa ipotesi già in un lavoro del 1996.

9. 1404, miniatura tratta dal manoscritto
Tafel van den kersten ghelove

Nella miniatura di Dirc van Delf (1404 c.), tratta
dal manoscritto *Tafel van den kersten ghelove*, l'influenza del *Livre des Echez amoureaux* è palese. Il
riferimento agli scacchi come rappresentazione alle-
gorica della seduzione è predominante per tutto il
Medioevo e ancora nel Rinascimento si avranno ope-
re significative che, in taluni casi, si tradurranno in
esplicito erotismo.

Con il Rinascimento, caduta ogni sorta di divieto,
gli scacchi conoscono la loro età aurea. Se con le

---

[42] Garzon Roger, José A., *The Return of Francesch Vicent*, Generalitat Valenciana, 2005

vecchie regole nelle taverne si preferiva scommettere sull'enunciato di determinate posizioni *(partiti)*, con il movimento della Donna *a la rabiosa*, la durata del gioco viene drasticamente ridotta per permettere di giocare con poste in denaro. In questo modo gli scacchi uscirono dalle corti per trasferirsi nelle taverne, luoghi interdetti alle donne che. di fatto, si allontanarono dal gioco. Ma prima che gli effetti di questa rivoluzione giungessero a compimento, per tutto il Rinascimento gli scacchi furono un gioco molto diffuso tra le classi nobili. Non c'era praticamente corte italiana che non avesse fra i suoi protetti qualche abile giocatore. In questo contesto gli scacchi fecero parte dell'educazione delle giovani anche come metafora di virtù, intima e familiare. Questo aspetto si esplicitò inevitabilmente anche nell'arte.

Nella *Partita a Scacchi* (1555), Sofonisba Anguissola raffigura con tenerezza le sorelle Lucia, Europa e Minerva intente ad un amichevole gioco in giardino.

10. Sofonisba Anguissola, Partita a scacchi, 1555

In un dipinto di scuola senese del 1475 attribuito a Liberale da Verona e attualmente conservato al Metropolitan Museum of Art di New York, sono raffigurati un uomo e una donna che giocano a scacchi.

La pittura, intitolata *I giocatori di scacchi* era una delle tre scene disegnate su un cassone da matrimonio. Nella prima un giovane elegante dai capelli biondi e dai calzari rossi, siede su un muretto e guarda una ragazza che si affaccia alla finestra di un palazzo. Nella scena seguente si vedono un gruppo di giovani che assistono alla partita tra il ragazzo del muretto e la fanciulla della finestra. Nell'ultima scena ("I giocatori di scacchi") il ragazzo sembra avere vinto la partita e la giovane gli ha posato la mano destra sul braccio. In passato si era pensato che la scena illustrasse la storia cavalleresca di Huon de Bordeaux ma l'attribuzione dei tre dipinti allo stesso cassone (i dipinti sono conservati in luoghi diversi) suggerisce una differente novella.

11. 1475, Metropolitan Museum of Art di New York, 33,7x41,3 cm, tempera e oro su tavola

Cento anni dopo (1508), il dipinto[43] di Lucas Jacobsz, più conosciuto come Lucas van Leiden, non può essere interpretato nello stesso modo. Come nel pre-

---

[43] Olio su tela (27x35 cm), conservato alla Gamäldegalerie di Berlino, Stantliche Museen Prussischen Kulturbesitz, numero di catalogo 574.

cedente il giocatore e la giocatrice non sono soli mentre giocano ma qui il senso di intimità viene meno. La mossa della donna suscita l'interesse, anche attivo, di altri uomini. Si noti la singolare scacchiera 12x8 caselle. "La particolare struttura della scacchiera" scrive Carmelo Coco "può spiegarsi con il senso della definizione psicologica, particolarmente vivo in Luca, spesso al limite dell'allucinazione, del fantastico, del deforme […] ma anche con l'insistita densità dei particolari tipica del Nostro, il quale diversamente dal Dürer per cui il disegno prevaleva sempre sulla pittura, preferiva la compattezza delle forme".

12. Lukas Van Leyden, Die Schachpartie, 1550, Berlin, Gemaldegalerie

Ancora più esplicito è un quadro del Cinquecento la cui paternità è stata a lungo discussa e che è attualmente attribuito al caposcuola cremonese Giulio Campi è conservato al museo civico di Torino. Ne *La partita a scacchi* una donna è ritratta mentre gioca contro soldati. "Nel dipinto di Torino" scrive Gianfelice Ferlito "l'atmosfera generale della partita è, al contrario, all'insegna della sensualità, da una parte la forza virile dall'altra la potenza femminile. Gli scacchi danno vita a una gara tra una donna abbastanza provocante e i soldati di un corpo di guardia il cui risultato, forse legato a una scommessa, può preludere all'intimità sessuale tra i contendenti"[44].

13. Giulio Campi, La partita a scacchi, 1550, Torino, Museo Civico Arte Moderna

---

[44] *Scacco*, aprile 1997, p. 34

L'atmosfera cortese è ormai svanita, il passaggio dall'atmosfera aristocratica a quella mercantile e borghese si è consumato e i giocatori sono ritratti in quella che sembra una taverna.

14. Cornelis de Man, The Chess Players, 1670. Budapest, Szépmüvészeti Múzeum

Cornelis De Man rappresenta bene il genere di pittura del periodo più tardo del diciassettesimo secolo (1670). In questa immagine vediamo un signore e una signora elegantemente vestiti ritratti a stanno giocare a scacchi nella loro abitazione. Il gatto, i ceppi ed i soffietti vicino al focolare contribuiscono alla piacevole atmosfera domestica.

La disposizione della donna e delle mani dell'uomo sono piuttosto artificiali ma il dipinto delle tenda e degli altri tessuti sono realistici. La pittura di Cornelis de Man mostra alcuni particolari che nei dipinti erotici dell'epoca sono frequenti: il gatto che osserva la donna, il soffietto davanti al camino, lo strumento che pende dalla parete. Questi particolari, aggiunti allo sguardo espressivo della donna, a quello confuso dell'uomo, ai vestiti informali ed alla scatola aperta, rendono esplicito il messaggio erotico.

Sul finire dell'Ottocento in Italia l'antico filone dell'amor cortese ha un ritorno di fiamma grazie alla commedia di Giuseppe Giacosa, ispiratosi esplicitamente a Huon de Bordeaux. Il dipinto di Gerolamo Induno "La partita a scacchi", conservato presso la galleria d'Arte Moderna di Milano, si attiene in modo scrupoloso alla descrizione del Giacosa. Paggio Fernando, di fronte a Jolanda, rivolge lo sguardo verso Renato, in piedi davanti a un grande camino, mentre il conte di Fossombrone è seduto sulla destra. Il riferimento alla commedia è esplicito, ribadito da una scritta posta sulla sinistra, probabilmente di mano dello stesso autore:

Fernando: Conte ho la tua parola
Jolanda: Giuoca, giuoca, un passo solo.

15. La partita a scacchi, 1881. Olio su tavola, 55x63, Milano, Museo Civico d'Arte Moderna

E ancora a Giacosa è ispirato anche il quadro del 1897 di Salvatore Maldarelli che ritrae due giovani giocare a scacchi sotto gli occhi di un vecchio. Un cupido suggerisce qualcosa all'orecchio del ragazzo mentre la fanciulla, amorevolmente, lo osserva.

16. Maldarelli, Partita a scacchi, 1897. Olio su tela, 76X74, Collezione privata

Una nuova occasione per celebrare l'amor cortese davanti alla scacchiera fu data all'illustratore italiano Manuel Orazi, quando gli fu commissionato un acquarello per l'edizione Didot del libro di Gaston Parris *Les aventures merveilleuses de Huon de Bordeaux* (Parigi 1898, tav. p. 220). Poiché nel racconto di Huon de Bordeaux la giovane giocatrice era figlia di un musulmano di rilievo, egli pensò bene di rappresentarla con il velo, seduta su un trono d'oro e vigilata da due guerrieri.

Se la Donna è il pezzo più potente della scacchiera, il più importante è il Re. Debole ma insostituibile, simbolo fallico secondo Fine[45], trova identificazione con il giocatore stesso, può rappresentare il padre o, addirittura, Dio. I bianchi e i neri sono allora le forze della luce che lottano contro quelle del maligno e non sono mancate serie di pezzi modellate seguendo questo simbolismo. Il Re caratterizza gli scacchi rispetto a tutti gli altri giochi perché la sua perdita pone termine alla partita. Scopo del gioco è catturare il Re ma il Re non viene mai fisicamente catturato, il gioco finisce la mossa prima che la cattura avvenga. Qualcosa di analogo accade per i religiosi che sono alla continua ricerca di Dio: per quanto si avvicinino, sanno che non potranno mai realmente raggiungerlo. "Nessun cristiano può mai esser davvero pago e sorridente, perché fin dalla nascita ha nel proprio DNA la mancanza di Dio, che nel seguito cercherà sempre e con ogni mezzo di colmare. Ed è frustrante, arrivare fin sulle soglie dell'orizzonte degli eventi della propria vita e non poter vedere il volto di Dio, arrivare solo *ad una casella di*

---

[45] Fine, Reuben, *La psicologia del giocatore di scacchi*, Adelphi, Milano, 1972

distanza da Lui e non poterlo toccare perché la nostra partita termina *proprio* in quel momento"[46].

Ma se catturare il Re significa vincere, allora il Re ha anche un significato di verità. Ma il Re Il re sfugge, non può essere fatto prigioniero, è morto prima che lo si catturi. La verità catturata non esiste. "La verità è nella morte dell'opinione, dell'apparenza. La verità è inafferrabile"[47].

17. Karel Van Manders, Jonson e Shakespeare giocano a scacchi, 1604

---

[46] Gualtieri, Giovanni, *Stallo matto. La dialettica degli scacchi come metafora dell'umanità*, Polistampa, Firenze, 2009, p. 97
[47] Chioli, Dario, *La partita a scacchi interiore*, http://www.superzeko.net/doc_dariochioli_saggistica/DarioChioliLaPartitaAScacchiInteriore.html

Anche "l'età barocca si approprierà dei profondi significati del gioco degli scacchi – spostando nell'ottica controriformistica prima, e più modernamente intesa poi – il punto di vista sugli scacchi ben oltre i limiti tradizionali, scoprendo in tal modo nuovi significati all'interno di contesti altrettanto nuovi ed inusitati [...].

Si veda, ad esempio, il quadro di Karel van Mander raffigurante i due drammaturghi Ben Jonson e William Shakespeare impegnati in una partita a scacchi, dove il gioco diviene il pretesto per rappresentare la rivalità intellettuale ed artistica fra due dei massimi esponenti della cultura europea del Seicento"[48].

Gli aspetti metaforici e simbolici sono ormai parte inestricabile del gioco, ma le nuove regole conducono a una riscoperta della partita e si ha un proliferare di trattati di scacchi. Nei nuovi trattati gli aspetti morali ed educativi del gioco vengono tralasciati per concentrarsi sulla tecnica vera e propria. Il gioco si laicizza, viene affrontato con rigore scientifico e si cominciano a scrivere i primi trattati tecnici. Questo clima di rinnovamento dà vita al professionismo. Nel XVI secolo gli italiani superano gli spagnoli. Sopra gli altri spiccano le figure di Paolo Boi, il Siracusano e Leonardo di Bona da Cutro detto

---

[48] Ferraglio, Ennio, Libri e pratica del "Nobil Gioco". *In Gli scacchi e il chiostro*, op. cit.

il Puttino. Sarà proprio il Puttino a sconfiggere, nell'estate del 1575, alla corte di Filippo II, il sacerdote spagnolo Ruy Lopez in un match il cui atto finale verrà immortalato tre secoli dopo (1883) dal pittore senese Luigi Mussini.

18. Una sfida scacchistica alla corte del Re di Spagna, 1883. Proprietà Monte dei Paschi di Siena. Da sinistra a destra: Ruy Lopez (seduto); il Duca di Lorena; il domenicano fra Diego de Chaues, confessore di Filippo II; Leonardo da Cutro; don Cristoforo de Mora, gentiluomo di corte; Filippo II (seduto); l'infante Isabella; damigella di corte; dama della Regina; la regina Anna Maria; figlia dell'Imperatore Massimiliano e terza moglie di Filippo II (seduta); la Duchessa di Lerma, maggiordoma di palazzo; paggio; don Fernando d'Austria, vincitore di Lepanto (seduto).

In tempi recenti gli psicanalisti hanno riletto gli scacchi in una luce del tutto nuova, ravvisandone un esteso simbolismo edipico e fallico. La cattura del Re

71

equivarrebbe all'uccisione del padre mentre la figura del Re, debole e bisognoso di protezione non solo identifica il giocatore stesso ma, freudianamente, al suo pene. Ma, il gioco andrebbe riletto completamente non solo per quanto riguarda le figure ma anche le regole. Si pensi all'impossibilità, in un ambiente quasi esclusivamente maschile, di toccare i pezzi dell'avversario, o anche i propri senza una scusa (centrarli nella casella o metterli a posto).

19. Nefertari (1295 a.C.-1255 a.C) gioca a senet

Il gioco, però, rimane impregnato di simboli e metafore che continuano a ispirare pittori e letterati. Il dualismo bianco nero, bene male, nel periodo gotico fu interpretato anche come vita morte. Questa idea starà alla base del *Settimo sigillo* di Ingmar Bergmar. In realtà questo dualismo precedeva lo stesso gioco degli scacchi.

Nel Senet egiziano (3300 a.c.), il gioco più antico che si conosca, il movimento delle pedine corrispondeva al percorso del defunto nell'Aldilà e la vittoria garantiva la rinascita dopo la morte. Il *Libro dei Morti* affermava che il defunto avrebbe dovuto disputare una partita per poter accedere al Regno dei Morti. Proprio per permettere il passaggio al Duat, nel sepolcro di Tutankamon furono trovate quattro scacchiere.

Si tratta di una sfida per certi aspetti sorprendentemente simile alla partita a scacchi narrata nel film di Bergman. La partita del cavaliere Block contro la Morte ha un esito immodificabile ma quello che conta non è l'impossibile vittoria finale ma il gioco in sé perché finché la partita procede il cavaliere è vivo. La dignità umana non sta dunque nell'aspettare passivamente che gli eventi accadano, ma nell'opporvisi, sia pure in una lotta impari. Il giocatore di scacchi che, con l'abbandono delle forze soprannaturali e di quelle casuali rappresentate dai dadi, si era riappropriato del proprio destino, si ritrova infine a combattere contro un avversario oscuro e invincibile. L'umanità, sembra suggerire Bergman, sta nella lotta, nella capacità di trovare nuove risorse che tengano in scacco gli eventi più a lungo possibile. Anche perché la vera lotta è contro se stessi, noi stessi siamo la nostra morte. In fondo il giocatore è il Re bianco ma è anche il Re nero.

20. Una scena dal Settimo Sigillo

Più pessimista appare Borges. Agli occhi dello scrittore argentino l'uomo perde del tutto le qualità rinascimentali e illuministiche di essere artefice del proprio destino. In una bella poesia intitolata *Scacchi,* si legge che i pezzi non sono autonomi: sono mossi dal giocatore ma, avverte, anch'egli è soggetto a leggi ineluttabili e meccanicistiche perché "Dio muove il giocatore che muove il pezzo". Ancora più inquietante Borges asserisce che anche Dio ha la sua signoria: "ma quale dio, dietro Dio, questa trama ordisce di polvere e di tempo, di sogno e di agonia?". In questa serie infinita di scatole cinesi è racchiusa, secondo Borges, la condizione angosciosa della natura umana.

Bibliografia essenziale

BARONIO, ANGELO, *Gli scacchi e il Chiostro*, Fondazione civiltà bresciana, Brascia, 2007

BIDEV, PAVLEV, Geschichte der Entdeckung des Schachs im magischen Quadrat und des magischen Quadrat in Schach, *In Schachwissentsschaftlichte Forschuungen*, 5 gennaio 1975

BLAKESLEE, MERRITT R., *Lo dous jocx sotils: la partie d'échecs amorureuse dans la poésie des troubadoures*, Cahier de civilization médiéval 28, 1985

BURCKHARDT, TITUS B., Il simbolismo degli scacchi. In *Simboli*, Parma, All'insegna del Veltro, 1983

CARRETTA, ROBERTO, *Lo scenario conquistato. Gli scacchi e l'origine del loro simbolismo*, Il leone verde, Torino, 2001

CHIOLI, DARIO, *La partita a scacchi interiore*, http://www.superzeko.net/doc_dariochioli_saggistic a/DarioChioliLaPartitaAScacchiInteriore.html

DEL DOTTO, RICCARDO, *Il gioco degli scacchi nel diritto comparato delle religioni*, Tesi di Laurea Univ. Pisa, AA 2007-2008

FERLITO, GIANFELICE, L'origine del gioco degli scacchi. In *Scacchitalia*, 11, 2010

FERLITO, GIANFELICE – SANVITO, ALESSANDO, Protoscacchi 400 a.c.-400 d.c.. In *Scacco*, 7-8 (21), 1990.

GARZON ROGER, JOSÉ A., *The Return of Francesch Vicent*, Generalitat Valenciana, 2005

GUALTIERI, GIOVANNI, *Stallo matto. La dialettica degli scacchi come metafora dell'umanità*, Polistampa, Firenze, 2009

LEONCINI, MARIO, *Arcaiche figure a Vico Pancellorum*, Autorinediti, Napoli, 2011

LEONCINI, MARIO, Il proibizionismo negli scacchi. In Lotti, Fabio-Leoncini, Mario, *Partita a scacchi con il morto*, Prisma, Roma, 2004

LEONCINI, MARIO, Scacchi e sesso. In *La diabolica setta di Caissa*, Prisma, Roma, 2006

LEONCINI, MARIO, *Scaccopoli*, Phasar, Firenze, 2008

MURRAY, HAROLD JAMES RUTHVEN, *A History of Chess*, Oxford University Press, Oxford, 1913

PANAINO, ANTONIO, *La novella degli Scacchi e della Tavola Reale. Un'antica fonte orientale sui due giochi da tavoliere più diffusi nel mondo eurasiatico tra Tardoantico e Medioevo e sulla loro simbologia militare e astrale*. Milano, Mimesis, 1998.

PASQUINI, LAURA, Il gioco degli scacchi nel mosaico medievale: gli esempi di Pesaro, Otranto e Piacenza. In Angelelli C., *Atti dell'XI Colloquio AISCOM* (Ancona, 16-19 febbraio 2005), Tivoli, Scripta Manent, 2006.

PEZZUTO, FERRUCCIO, *Re Regina Cavaliere,* Liber Internazionale, Pavia, 1995

RICHARDS, D.J., *Soviet Chess,* Oxford, Clarendon Press, 1965

SHENK, DAVID, *Il gioco immortale,* Mondadori, Oscar Storia, Milano, 2008

YALOM, MARILYN, *Birth of the Queen. A History,* Harpercollins, New York, 2004

WESTERVELD, GOVERT – GARZÓN ROGER, JOSÉ A., *La Reina Isabel la catolica: su reflejo en la dama poderosa de Valencia, cuna del ajedrez moderno y origen del juego de damas,* Generalitat Valenciana, Valencia 2004.

Indice

Gennaio 2016